Capitaine HALLOUIN

LA JOURNÉE DU 14 AOUT 1870

D'APRÈS

CARDINAL von WIDDERN

PARIS
LIBRAIRIE MILITAIRE R. CHAPELOT ET Cᵉ
IMPRIMEURS-ÉDITEURS
SUCCESSEURS DE L. BAUDOIN
30, Rue et Passage Dauphine, 30

1901

Capitaine HALLOUIN

LA JOURNÉE DU 14 AOUT 1870

D'APRÈS

CARDINAL von WIDDERN

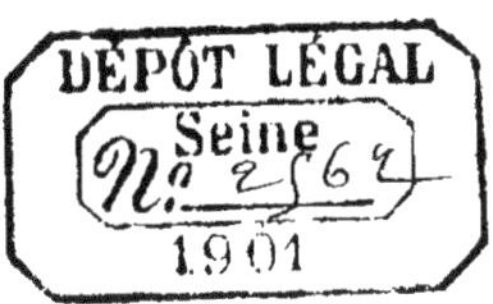

PARIS
LIBRAIRIE MILITAIRE R. CHAPELOT ET Ce
IMPRIMEURS-ÉDITEURS
SUCCESSEURS DE L. BAUDOIN
30, Rue et Passage Dauphine, 30

1901

Extrait de la **Revue militaire des Armées étrangères**

LA

JOURNÉE DU 14 AOUT 1870

D'APRÈS

CARDINAL von WIDDERN

Dans son ouvrage intitulé *Jours Critiques*, le colonel prussien Cardinal von Widdern a voulu faire ressortir les principes admis sans conteste dans l'armée allemande en 1870.

Son étude est avant tout psychologique; l'enchaînement des faits lui fournit seulement un canevas à l'aide duquel il peut suivre l'évolution de la pensée du chef, le développement des résolutions prises.

Widdern a choisi, comme cas concret, l'histoire des journées des 14 et 16 août, parce qu'il désirait étudier des situations particulièrement tendues, de manière à mieux faire ressortir l'initiative et l'activité des généraux allemands.

Ce choix répond bien au titre de l'ouvrage, car on peut donner justement le nom de jours critiques à ces batailles de Borny et de Gravelotte engagées sans ordres, où des corps prussiens isolés se sont heurtés à des forces françaises très supérieures.

L'étude ci-après n'est que l'analyse du premier volume consacré tout entier au récit des événements du 14 août 1870.

I. — AVANT LA BATAILLE.

Situation générale.

Le début de la guerre est encore gravé dans toutes les mémoires.

Après la bataille de Spicheren, la principale armée française s'était repliée sous Metz, comme si elle subissait inconsciemment l'attraction de la grande forteresse. Le 12 août, elle campait aux abords de la place ; le 13, elle demeurait au repos. Aucune idée directrice bien nette ne servait de base à l'exécution de cette retraite.

Dans le même temps, les armées allemandes poursuivaient leur offensive. La Ire armée avançait en suivant les traces des colonnes françaises ; la IIe, allongeant ses marches, reliait sa droite à la Ire, tandis que l'aile gauche formant échelon offensif cherchait à s'emparer des points de passage de la Moselle, en amont de Metz.

Moltke ne tarda pas à admettre l'hypothèse de la continuation de la retraite des Français sur Verdun. Il résolut de leur barrer la route, en jetant promptement la IIe armée sur la rive gauche de la Moselle. La Ire armée devait maintenir l'adversaire pendant l'exécution du mouvement et suivre ensuite au plus près.

Situation le 13 au soir.

L'ordre pour le 13 août prescrivait à la Ire armée de venir sur la Nied française, en occupant le front Pange-les-Étangs ; à la IIe armée, de se porter le même jour sur la Seille et de s'emparer des points de passage de la Moselle, de Pont-à-Mousson à Marbache.

Le 13 au soir, après l'exécution de ces prescriptions, la Ire armée occupait les emplacements indiqués sur la carte ci-jointe : les quatre divisions des Ier et VIIe corps accolées sur la Nied française, le VIIIe corps en deuxième ligne sur la Nied allemande;

Le quartier général à Varize; la 3e division de cavalerie avec son gros à Vry; la 1re à Pontoy et Mécleuves.

Les avant-postes s'établirent sur la ligne Retonfey-Laquenexy, à 5 ou 6 kilomètres des forts de Metz. Des hauteurs de Sainte-Barbe, comme d'un belvédère, on apercevait les camps de tentes des Français. D'après leur nombre et leur étendue, on pouvait estimer que de grosses fractions étaient sur la rive droite de la Moselle.

Une attaque contre la Ire armée allemande semblait donc possible, sinon probable, et cependant le général en chef envoyait, le 13 au soir, une brigade mixte du VIIIe corps tenter l'attaque brusquée de la place de Thionville.

L'opportunité de cette opération, qui d'ailleurs aboutit à un échec, n'a jamais été démontrée. Le moment était mal choisi pour former un aussi gros détachement, alors qu'on pouvait avoir à lutter contre des forces supérieures.

Ordres pour la journée du 14.

Le 14, à 1 heure du matin, le général von Steinmetz reçut du grand quartier général, la directive suivante, datée du 13, 9 heures du soir :

« D'après les nouvelles parvenues ici, l'ennemi avait « encore aujourd'hui, avant midi, des forces impor- « tantes à l'est de Metz, à Servigny et Borny.

« S. M. ordonne que la Ire armée se maintienne « demain sur la Nied française et pousse en avant des « avant-gardes, avec mission d'observer si l'adversaire « se retire ou prépare une attaque.

« Pour parer à cette dernière éventualité, les IIIe et « IXe corps (IIe armée) ne dépasseront pas, demain, « l'un Pagny, l'autre Buchy.

« Placés à un mille (7 kil. 500) seulement de la Ire ar-
« mée, ils seront en état d'intervenir, en rompant à pro-
« pos, si un combat sérieux vient à éclater devant Metz.

« D'autre part, la Ire armée pourra arrêter par une « attaque de flanc tout mouvement offensif de l'ennemi « dans la direction du sud.

« Les autres corps de la IIe armée continueront leur « marche vers la Moselle, qu'ils aborderont entre Mar- « bache et Pont-à-Mousson.

« La cavalerie des deux armées sera poussée le plus « en avant possible, de manière à gêner la retraite éven- « tuelle de l'ennemi par la route de Metz à Verdun. »

En même temps, le grand quartier général faisait savoir à Steinmetz que, dans le cas où l'adversaire continuerait sa retraite vers l'ouest, la Ire armée aurait à suivre ultérieurement la IIe, en laissant une seule division sur la rive droite de la Moselle.

Ces instructions étaient fort importantes ; mais Steinmetz ne jugea pas utile d'en donner communication à ses subordonnés. Il prescrivit seulement de rester le 14 sur les emplacements du 13. La 1re division de cavalerie reçut seule avis des mouvements de la IIe armée, dont elle devait couvrir le flanc droit. On ne lui donna pas la moindre indication sur la mission attribuée à la Ire armée.

Observations sur l'insuffisance des ordres donnés par Steinmetz. — La conduite de Steinmetz paraît inexplicable.

Un officier général d'une aussi haute valeur devait s'apercevoir du premier coup d'œil que le dispositif de la Ire armée ne répondait pas aux intentions du généralissime :

1° Les avant-gardes du Ier corps aux Étangs et à Pont-à-Chaussy occupaient des emplacements trop rapprochés du gros des divisions. Elles ne furent pas poussées en avant, comme le désirait Moltke ;

2° Les divisions de cavalerie étaient employées uniquement à des missions de sûreté, et pourtant le roi voulait qu'on les portât sur la rive gauche de la Moselle, pour couper les routes de Metz à Verdun.

On a prétendu à ce sujet que toutes les embarcations avaient été ramenées par les Français à Metz et Thionville ; pourtant une patrouille a pu traverser la rivière près d'Olgy en utilisant une barque. Il n'était probablement pas impossible de faire passer tout au moins quelques fractions de la 3e division. Néanmoins il convient d'observer qu'en 1870 la cavalerie n'était pas exercée au passage des cours d'eau (1);

3° Le VIIIe corps, placé derrière l'aile droite, n'était pas dans des conditions favorables soit pour contribuer à arrêter, par une attaque de flanc, une offensive des Français, dans la direction du sud, soit pour marcher, le 5, derrière la IIe armée, s'ils continuaient à battre en retraite vers l'ouest.

On eût évité des fatigues inutiles et gagné du temps en amenant ce corps d'armée à l'aile gauche ou, tout au moins, derrière le centre de la Ire armée, par exemple dans la région au sud de Frécourt.

Un ordre général d'opérations était indispensable, le 14, pour assurer la rectification du dispositif de la Ire armée, dans le sens qui vient d'être indiqué.

Mais, en outre, il eût été bon d'orienter les commandants de corps d'armée sur la situation d'ensemble. Si cette précaution est toujours utile et répond à des nécessités d'ordre général, il semble que, dans l'espèce, on ne pouvait la négliger sans courir de gros risques.

---

(1) Aujourd'hui, les divisions de cavalerie allemandes ne se trouveraient pas arrêtées par un obstacle comme la Moselle; elles sont, en effet, dotées d'un matériel léger (Faltboote) qui leur permettrait d'improviser très vite un moyen de passage.

Le maréchal Bazaine pouvait, en effet, se porter à l'attaque de la IIe armée, et, dès lors, il fallait savoir si l'on tiendrait en avant ou en arrière de la Nied.

Il pouvait encore se jeter vers le sud, dans le flanc de la IIe armée. Dans ce cas il fallait brusquer l'attaque pour arrêter cette offensive. Tous les corps devaient donc rester sur le qui-vive, prêts à donner au premier signal; les avant-gardes, en particulier, étaient tenues de se montrer particulièrement en éveil.

De fait, les commandants des Ier et VIIe corps, mal renseignés par leur chef, détachaient seulement des patrouilles de sûreté en avant du front.

Ils reconnaissaient, il est vrai, une position éventuelle de résistance; mais, envisageant la situation à des points de vue différents, ils établissaient leurs troupes l'un en avant, l'autre en arrière de la Nied.

Une simple instruction de Steinmetz eût fait cesser toutes ces divergences d'appréciation. Le général ne crut pas utile de la dicter. L'étude de son caractère nous fera comprendre les motifs directeurs de sa conduite.

Steinmetz, né le 27 décembre 1796, était encore actif et vigoureux malgré son grand âge.

En 1866, ce vieux soldat des guerres de l'*Indépendance* s'était fait remarquer par son indomptable énergie et son esprit d'entreprise dans des circonstances difficiles. Depuis cette époque, toute l'armée l'avait surnommé « le lion de Nachod ».

Dur pour lui-même, infatigable, il apportait une certaine rudesse dans le commandement et son extrême susceptibilité, née d'un grand orgueil, rendait les frottements inévitables dans ses rapports avec ses subordonnés, ses camarades et même ses supérieurs (1).

(1) Voir, à ce sujet, dans la correspondance de Moltke, les difficultés qui s'élevèrent au début de la campagne.

Steinmetz était un de ces chefs comme il en existera toujours, jaloux de leur autorité, convaincus de leur propre valeur, mais pleins de méfiance vis-à-vis de leurs subordonnés, qu'ils entendent guider pas à pas.

L'exemple ci-après donnera la note exacte de sa méthode de commandement.

C'était après la bataille de Sadowa. Il s'agissait de poursuivre vigoureusement les Autrichiens en déroute ; une division de cavalerie était mise pour cet objet à la disposition du Ve corps, que commandait Steinmetz.

Loin de lui laisser carte blanche, Steinmetz la maintint à quelques kilomètres de l'infanterie. Certain jour, il traça son itinéraire point par point, fixant la localité qu'elle devait atteindre avant la soupe et celle où elle devait coucher dans la soirée. Les résultats de la poursuite furent à peu près nuls, et on le conçoit aisément si l'on se rappelle l'axiome « Force contrariée, force détruite ».

Cet exemple montre quelle dut être, le 14, la pensée du commandant de la Ire armée. Le général se réservait sans doute le soin de dicter des ordres au fur et à mesure des événements.

Mauvais emplacement du quartier général.

Quand un chef entend tout faire par lui-même, il doit au moins porter son quartier général en avant pour être en état de parer aux éventualités qui peuvent survenir.

C'était la méthode de Napoléon. Or, le 14, le quartier général de la Ire armée était à Varize, en arrière de l'aile droite et à 18 kilomètres du VIIe corps. L'état-major de l'armée ne détachait pas d'officiers de liaison auprès des corps d'armée.

Steinmetz ne jugeait même pas à propos d'envoyer auprès des commandants des corps d'armée des officiers de son état-major en agents de liaison, précaution élé-

*

mentaire qui aurait pu, dans une certaine mesure, servir de correctif au choix défectueux de l'emplacement du quartier général.

En résumé :

I. — Le dispositif de la Ire armée ne lui permettait pas de remplir aisément sa mission.

II. — Les corps de première ligne étaient au contact immédiat de l'ennemi, sans indication d'aucune sorte sur la conduite à tenir.

III. — L'éloignement du quartier général de l'armée rendait à peu près impossible toute intervention du général en chef. On comprend, dans ces conditions, que l'initiative plus ou moins justifiée d'un général de brigade ait pu entraîner une bataille d'ensemble, à l'insu et contre le gré du commandant de l'armée.

II. — LA BATAILLE.

Renseignements recueillis dans la matinée du 14.

La nuit du 13 au 14 et la matinée du 14 se passèrent sans incident; mais, entre 11 heures du matin et 3 heures du soir, des renseignements précis parvinrent aux états-majors des divisions de première ligne. Les Français avaient abandonné Laquenexy, Coincy, Lauvallier, Vantoux. Les camps signalés la veille étaient peu à peu levés. Des troupes de toutes armes se mettaient en marche dans la direction de Metz, etc.

Toutes les nouvelles se recoupaient avec une exactitude parfaite. A l'avant-garde du VIIe corps, on ne pouvait plus garder aucun doute sur les mouvements de retraite de l'ennemi, qui abandonnait ostensiblement ses positions de la veille.

Le combat du VIIe corps. — Causes de l'offensive du général von der Goltz. — « En présence de cette situa-
« tion, le général von der Goltz (commandant cette
« avant-garde) croyait devoir agir sur l'heure. Il lui
« semblait conforme aux règles générales de la guerre,
« comme aux nécessités de la situation présente, d'en-
« rayer le mouvement de retraite de l'adversaire. Le
« général von der Goltz prit en conséquence la résolu-
« tion d'attaquer et fit rompre, à 3 h. 1/2, le bivouac de
« Laquenexy. »

Tel est le récit de la relation historique du Grand État-Major. Il laisse supposer que von der Goltz était parfaitement orienté sur la mission des Ire et IIe armées.

Pour ceux qui ont fait la guerre dans un état-major, il est hors de doute que, dans la succession rapide des événements, un général de brigade n'aura presque jamais de données assez nettes sur la situation générale pour saisir, avec cette facilité, la pensée du généralissime. Nous savons, d'autre part, que le commandant de la Ire armée n'avait pas cru devoir adresser la moindre instruction à ses subordonnés.

Il serait intéressant de connaître les raisons véritables qui ont décidé von der Goltz à prendre l'offensive. Dans ses notes personnelles, ce général n'a pas abordé la question directement, mais il nous a fait part des visites qu'il reçut dans la matinée du 14 :

« Le général von Hartmann, commandant la 1re divi-
« sion de cavalerie, vint à moi, et nous parlâmes de la
« situation présente. »

Les indications reçues par le commandant de la 1re division de cavalerie, et relatives aux mouvements de la IIe armée, furent sans doute communiquées au général von der Goltz au cours de cette entrevue.

Elles furent complétées, quelques heures plus tard, par le colonel von Alvensleben, commandant le 15e ulans (6e division de cavalerie, IIe armée), dont le régiment devait assurer la liaison des deux armées aux environs d'Orny.

Ce colonel s'était joint à l'une de ses reconnaissances. Il rencontra le général von der Goltz un peu avant 3 heures et eut avec lui un entretien assez long.

A la suite de cette rencontre, le commandant de l'avant-garde du VIIe corps fut sans doute définitivement fixé sur la mission dévolue à la IIe armée, et nous pouvons maintenant admettre que des considérations stratégiques n'ont pas été étrangères à sa détermination.

Mais il en est d'autres non moins importantes, sur lesquelles le colonel Cardinal von Widdern ne s'appesantit pas assez, et qui durent exercer sur l'esprit de von der Goltz une sérieuse influence.

A Spicheren, cet officier général commandait déjà l'avant-garde de sa division qui marchait contre le flanc de la ligne française. Son intervention pouvait amener un résultat décisif, mais des circonstances défavorables et un ordre venu d'en haut l'arrêtèrent dans son offensive. Ce souvenir le hantait. Il brûlait de prendre sa revanche à la première occasion. Qu'on juge de son émotion, lorsque, vers 1 heure de l'après-midi, un officier de réserve du Ier corps vint lui annoncer un mouvement en avant de la 1re division.

En fait, cette nouvelle était le résultat d'une fausse transmission. Qu'importe ! Goltz fait donner l'alarme à ses troupes et, vers 1 h. 3/4, adresse au commandant du VIIe corps le compte rendu suivant :

« Le Ier corps d'armée va attaquer. Je tiens les troupes « de l'avant-garde prêtes au combat. »

On a cette impression que le général éprouvait un vif désir d'en venir aux mains, qu'il craignait d'être en retard comme à Spicheren. Pourtant, il hésite encore ; employé jadis à l'état-major de Steinmetz, il connaît le caractère du général en chef. C'est une bien grosse responsabilité à encourir, un conflit à risquer. Mais les nouvelles de la retraite de l'ennemi se confirment ; elles sont rapportées par les officiers qu'il a envoyés en reconnaissance. « C'était pour moi, écrit-il, le moment d'agir. » Tout bien pesé, il va oser.

Pourtant, jusqu'à la fin, il conserve des doutes. « A « votre avis, demande-t-il au colonel von Alvensleben, « mon attaque est-elle justifiée ? » Plus tard, lorsqu'il croise le lieutenant-colonel von Brandenstein, du Grand État-Major, il laisse échapper cette phrase, où perce bien son état d'âme : « Je ne pouvais pourtant pas laisser « l'ennemi se retirer tranquillement ».

Enfin, le lendemain, pendant la visite du roi sur le champ de bataille, il demande au colonel von Verdy du Vernois ce qu'on pense de lui en haut lieu et respire enfin lorsqu'on lui a donné l'assurance que son offensive est approuvée par le roi et par de Moltke.

But tactique poursuivi par von der Goltz.

En résumé, poussé par l'idée de faciliter la mission de la IIe armée, obéissant sans doute aussi à certaines préoccupations personnelles, le commandant de l'avant-garde du VIIe corps prit, en toute indépendance, la résolution de marcher contre les Français. Son initiative entraîna ensuite l'entrée en ligne des Ier et VIIe corps, de fractions du IXe corps et par suite une bataille générale.

Von der Goltz ne songeait pourtant pas à rejeter les Français jusqu'à la ligne des forts. Son but tactique, beaucoup plus modeste, consistait à les déloger du ravin de Colombey, pour installer du canon à l'est de cette coupure et gêner ainsi leur retraite.

Comme une rencontre était inévitable, von der Goltz demanda l'appui des troupes voisines ; il écrivit au commandant de la 1re division de cavalerie et dépêcha des officiers auprès des chefs de la 13e et de la 14e division ainsi que du général von Manteuffel, commandant le Ier corps d'armée.

Plein de confiance en l'esprit de camaraderie qui régnait dans l'armée prussienne, von der Goltz porta ses troupes en avant à 3 h. 1/2. Il disposait de deux régiments d'infanterie (26e brigade), d'un bataillon de chasseurs, de deux batteries et de trois escadrons.

Une description du combat allongerait inutilement cette analyse. Disons seulement qu'à 5 heures, les tirailleurs de la 26e brigade, maîtres de Colombey et de La Planchette, se heurtaient sur l'autre versant du ravin à une résistance toujours croissante.

Le commandant du VIIe corps prend le commandement. Arrivée des renforts.

Mais déjà, à 5 h. 1/4, lorsque le général von Zastrow, commandant du VIIe corps d'armée, prit le commandement, les secours arrivaient de toutes parts. D'elles-mêmes les 13e et 14e divisions (la 25e brigade et 2 batteries) s'étaient mises en mouvement et le canon du Ier corps d'armée se faisait entendre dans la direction de Montoy.

Le commandant du VIIe corps n'approuvait pas la résolution de son subordonné; mais, en présence du fait accompli, toute récrimination était inutile, et Zastrow cherchait seulement à diriger le combat. Les troupes avancèrent d'ailleurs lentement, en subissant de grosses pertes. A la tombée de la nuit, l'aile droite ne pouvait déboucher au delà du chemin de Colombey à Bellecroix ; l'aile gauche réussissait à pénétrer dans Grigy et le bois de Borny.

Entre temps, Zastrow reçut du commandant de l'armée l'ordre de rompre le combat et de reprendre les emplacements du matin (7 heures du soir). Il en ressentit une vive contrariété ; un mouvement de retraite présentait en effet de gros inconvénients au point de vue matériel comme au point de vue moral, si l'on tentait de l'effectuer sous le feu de plus en plus nourri des troupes françaises.

Le général commandant le VIIe corps répondit à son chef par la note suivante :

« Dans l'état actuel, il est impossible de rompre le « combat sans s'exposer à subir des pertes sérieuses. — « Dès que la chose sera possible, et en particulier lorsque « le relèvement des blessés sera terminé, on essayera « d'exécuter l'ordre reçu. »

En même temps il prescrivait à ses troupes de s'installer sur les positions conquises.

Cette disposition, communiquée avant la fin du jour, alors que la lutte n'avait point encore cessé, pouvait sembler prématurée, mais Zastrow voulait faire connaître à ses subordonnés sa ferme volonté de maintenir quand même les troupes sur le champ de bataille. Le général n'oubliait pas la journée de Spicheren, où la

13e division en marche vers Forbach s'était arrêtée, sur l'invitation d'un officier envoyé directement par Steinmetz. Sa conduite en cette circonstance peut faire l'objet d'appréciations divergentes. Nous verrons même plus loin qu'il aggrava encore son cas dans la soirée. Mais on ne peut qu'admirer la résolution virile avec laquelle il sut endosser la responsabilité d'une affaire qu'il n'avait point engagée. Cet esprit d'initiative et de camaraderie d'armes, nous allons le retrouver en étudiant le combat du Ier corps.

Combat du Ier corps. — Ordre reçu par Manteuffel. — Opinion de ce général. — Le 14, à 9 heures du matin, le général von Manteuffel reçut cette note très sommaire du général commandant en chef :

« Par la présente, je fais connaître à Votre Excellence « que la Ire armée restera aujourd'hui dans ses posi- « tions. »

Le commandant du Ier corps, ne recevant aucune autre indication, conclut de là que d'importantes forces françaises étaient encore sur la rive droite de la Moselle ; il ne se crut pas autorisé à pousser ses avant-postes plus près de la forteresse.

Mais, tout en s'inclinant devant un ordre supérieur, le général avait ce sentiment instinctif qu'il fallait attaquer, pour l'obliger à faire face, cet ennemi insaisissable qui, depuis le 6 août, battait constamment en retraite et ne s'arrêtait même pas sur les positions successives qu'il avait choisies et préparées pour la défense.

« Je voyais dans l'armée de Bazaine, écrit le chef « d'état-major du Ier corps, *le but même* de notre ma- « nœuvre. Puisqu'on était parvenu à la joindre, on de- « vait chercher à la battre sans retard. »

La directive du Grand État-Major pour la journée du 14 était loin d'exprimer des idées aussi catégoriques, mais on ignorait, au Ier corps, l'existence même de cette directive.

Intervention du lieutenant-colonel von Brandenstein.— On en eut connaissance à 10 heures du matin seulement, de la bouche du lieutenant-colonel von Brandenstein, du Grand État-Major, envoyé par Moltke pour visiter la ligne d'avant-postes de la Ire armée.

Cet officier supérieur constatait l'inexécution des ordres royaux; il insistait auprès de Manteuffel pour obtenir l'envoi en avant de fortes reconnaissances et demandait, en outre, que les troupes du Ier corps fussent prêtes à attaquer l'ennemi, dans le cas où le flanc de la IIe armée serait menacé.

Manteuffel consentit à faire donner l'alarme à ses divisions; mais, pour le reste, il déclara que, à moins de motifs graves, il ne contreviendrait pas à l'ordre formel de Steinmetz. Il détacha d'ailleurs un de ses officiers pour demander l'agrément du général en chef. Mais le résultat de l'ambassade fut négatif. Steinmetz refusait de prescrire un mouvement en avant.

Mauteuffel apprend le mouvement de retraite des Français. — Son embarras. — Lorsque, à midi, Manteuffel reçut avis, d'abord de l'évacuation des camps français sur le front du Ier corps, et ensuite du mouvement de nos colonnes du nord au sud, il dut être singulièrement embarrassé.

D'une part, l'ordre formel et renouvelé de son chef hiérarchique lui prescrivait de rester en position. D'autre part, les intentions du généralissime, communiquées par Brandenstein, étaient en désaccord avec cet ordre formel.

Les mouvements de l'ennemi pouvaient, en effet, indiquer l'intention d'une rupture vers la droite pour attaquer la IIe armée, et, dans ce cas, le Ier corps ne devait pas rester l'arme au pied.

Manteuffel n'osa pas aller à l'encontre des prescriptions de Steinmetz, mais il voulut au moins se tenir prêt à profiter du premier incident favorable. Il se rendit donc sur la ligne des avant-postes et prescrivit à toutes les troupes de rester sous les armes.

Il se décide à marcher en entendant le canon sur le front du VIIe corps. — Quelle dut être sa joie, lorsque, vers 4 heures, le canon retentit tout à coup dans la direction du VIIe corps ! On peut en juger par la réponse qu'il adressa à l'officier envoyé par von der Goltz pour demander du secours : « Je me porte en avant « avec tout mon corps d'armée ». En effet, la situation était modifiée ; le général pouvait maintenant changer d'attitude, en se basant sur la bonne confraternité d'armes qui interdit à tout officier de rester sourd à l'appel pressant d'un camarade au combat.

Il adressa à son chef le compte rendu suivant : « Une « reconnaissance me fait savoir que l'ennemi a levé ses « camps près de Metz. En même temps, on entend le « canon, et des fractions du VIIe corps sont déjà enga- « gées. Je porte en avant tout mon corps d'armée. »

Manteuffel connaissait le tempérament de Steinmetz ; il n'ignorait pas qu'un grave conflit serait le premier résultat de son initiative. En agissant, malgré tout, suivant sa conscience, il fit preuve d'un grand caractère.

On ne saurait, d'ailleurs, le taxer de témérité, car il eut soin de donner à son offensive un but raisonnable.

« Les commandants des avant-gardes, postées en « avant, reçurent l'ordre d'attaquer avec énergie et de « repousser l'adversaire dans la zone d'action des forts. » (*Journal d'opérations du Ier corps.*)

Ajoutons, d'ailleurs, qu'à la tombée de la nuit, d'importantes fractions s'étaient laissées entraîner bien au delà des limites indiquées.

Le combat. — Les résultats. — A la fin du combat, qu'il serait trop long d'exposer en détail, le gros du corps d'armée s'arrêta sur la ligne Bellecroix—Lauvalliers—Mey—Villiers-l'Orme.

Il lui restait dix bataillons encore frais ; il avait, néan

moins, subi de grosses pertes, et son salut n'était dû *qu'à la retraite volontaire des Français* et à l'heure tardive du commencement de la lutte.

Au moment où la bataille prenait fin, le Ier corps recevait de Steinmetz l'ordre de rompre le combat et de bivouaquer derrière *la Nied*. Mais déjà Manteuffel avait adressé au général en chef la note suivante :

« Après un combat de trois heures, le corps d'armée « a rejeté sous les murs de Metz les forces ennemies « établies à l'est de la place ; il s'est arrêté au delà de la « zone d'action des forts. . . . . A moins d'ordre con-« traire, je me maintiendrai sur la position conquise, « pour assurer l'évacuation de mes blessés et affirmer « ma victoire. »

Les généraux présents sur le théâtre de l'action étaient donc d'accord pour constater les inconvénients d'une retraite précipitée, dont le résultat le plus clair devait être l'abandon des blessés et la dépression morale des troupes.

Tous deux, pour les mêmes causes, maintenaient les dispositions prises à ce sujet, malgré les ordres du général en chef et sans craindre le conflit inévitable qui devait en résulter.

Rôle joué par le IXe corps (IIe armée) et par les 1re et 2e divisions de cavalerie. — La 1re division de cavalerie se trouvait, le 14, à Pontoy, son avant-garde à Mécleuves. Sa mission consistait à couvrir le flanc droit de la IIe armée, et, en particulier, les colonnes du IXe corps qui défilaient sur la route de Sarrebrück—Pont-à-Mousson.

Le général von Hartmann, commandant cette division, reçut, vers 4 h. 1/2, la communication envoyée par von der Goltz : « L'avant-garde du VIIe corps se dirige « sur Colombey, par Marsilly ».

Il eut aussitôt l'idée de se porter à Mercy, pour essayer de ralentir les mouvements de l'ennemi attaqué de front par le VIIe corps. L'intention était bonne ; mais, au lieu de partir dès 4 h. 30 avec tout son monde, Hartmann emmena seulement la brigade de cuirassiers, sa batterie à cheval et crut devoir attendre l'arrivée de la 18e division d'infanterie (von Wrangel), du IXe corps, pour marcher à sa hauteur (6 h. 1/2).

A 2 heures de l'après-midi, cette dernière division était arrivée à Buchy et avait poussé une avant-garde à Orny; le gros du IXe corps s'était arrêté à Béchy et Luppy. Dès qu'il entendit le canon, le général von Wrangel galopa jusqu'à la ligne des avant-postes; un peu après 6 heures, il pouvait écrire au commandant du corps d'armée :

« J'ai donné l'alarme au gros de ma division. Déjà,
« la colonne est en marche sur Orny, mais je crains
« qu'elle n'arrive trop tard pour pouvoir intervenir uti-
« lement dans le combat. »

Beaucoup de généraux auraient argué de l'heure avancée pour rester immobiles, mais Wrangel n'hésite pas; il veut être au moins en mesure d'agir le lendemain à la première heure, si la lutte doit être reprise. De fait, une batterie divisionnaire put ouvrir le feu dès 6 h. 1/2 du soir, à l'aile gauche du VIIe corps; à 8 heures du soir, six bataillons étaient groupés, prêts à donner, entre Mercy et Peltre.

Nous avons vu que la 1re division de cavalerie ne fut pas aussi entreprenante; mais la 3e division se montra plus timide encore. Elle était à Vry et pouvait aisément couvrir le flanc droit du Ier corps, éventer les contre-attaques. Elle n'en fit rien. Sa batterie à cheval prit seule part à la lutte; ses seize escadrons vinrent s'abriter à Retonfey, derrière les lignes d'infanterie.

Il est regrettable que Cardinal von Widdern n'ait pas cru devoir faire ressortir le contraste si frappant entre le manque de caractère des généraux de cavalerie et l'esprit d'entreprise des chefs d'infanterie.

Non-intervention du VIIIe corps. — « Où donc est

Gœben ? » demanda Manteuffel à plusieurs reprises au cours de la bataille. Il ne pouvait s'imaginer qu'un officier si actif n'eût pas volé au combat à la première invitation.

Gœben était avec sa 15e division à Bionville, village situé à 4 kilomètres sud-est de Varize, où se trouvait le quartier général de l'armée (1).

Selon toute vraisemblance, il ne reçut pas communication de la directive du grand quartier général et n'eut même pas l'occasion de parler à Steinmetz dans la matinée du 14. En effet, la situation lui paraissait si peu menaçante qu'il crut pouvoir accepter ce jour-là une invitation à déjeuner du général von Zastrow.

Il quitta Varize avant l'arrivée des renseignements relatifs au mouvement de retraite des Français et revint à Bionville à midi et demi.

Vers 5 h. 1/2, il fut avisé qu'une vive canonnade retentissait dans la direction de l'ouest. Il écrivit aussitôt au général en chef pour provoquer ses ordres :

« Comme le VIIIe corps constitue la réserve de l'ar-
« mée, disait-il en terminant, j'attends des instructions
« qui m'indiquent si mon corps d'armée doit se porter
« en avant et quelle direction il doit prendre. »

Le général von Steinmetz montra une certaine irritation en recevant cette lettre si respectueuse. Il jugea la demande inopportune ou tout au moins prématurée, et

---

(1) *Emplacements du VIIIe corps.*

Quartier général.......	Bionville.
15e division...........	Bionville.
Artillerie de corps......	Brouck.
16e division...........	Brigade Rex et cavalerie, Varize.
—	Etat-major et 3 batteries, Helstroff.
—	Le reste, devant Thionville.

Brouck, qui ne figure pas sur le croquis (page 10), est à trois kilo mètres nord-est de Bionville.

répondit en ordonnant au VIIIe corps d'attendre ses ordres, avant de prendre les armes ou de se mettre en marche.

Gœben ne pouvait guère aller à l'encontre d'un ordre aussi formel, sous les yeux mêmes du général en chef. Il opposa donc un refus à la 2e division qui lui demandait, à 6 h. 10, de faire marcher la brigade Rex de Varize sur Hayes pour agir dans le flanc gauche de l'ennemi.

Plus tard, un officier, envoyé par Manteuffel, vint de nouveau réclamer l'appui du VIIIe corps; mais, cette fois, on demandait de diriger les renforts sur Pont-à-Chaussy; Gœben n'accéda pas davantage à cette démarche.

Enfin, à 9 h. 5, le capitaine von Rauchhaupt, envoyé par le général en chef qui, dans l'intervalle, s'était rendu sur le champ de bataille, apporta l'ordre de faire marcher la brigade Rex de Varize vers les Étangs, en amenant à Varize la 15e division et l'artillerie de corps.

La brigade Rex, prévenue directement, s'était mise en marche à 8 h. 1/2. Mais Gœben, convaincu que le combat touchait à sa fin, estima qu'une marche de nuit aurait pour résultat de fatiguer inutilement les troupes : « Je crois, écrit-il, me conformer aux vues du général « en chef, en laissant la 15e division et l'artillerie de « corps dans leurs bivouacs actuels, ainsi qu'en les fai- « sant rompre seulement demain à la pointe du jour ».

Cardinal von Weddern approuve pleinement cette résolution du commandant du VIIIe corps. D'après lui, le général estimait qu'une marche commencée à 9 heures du soir l'amènerait trop tard au point utile et préférait attendre au lendemain pour conduire au combat des troupes bien reposées.

La raison est sans doute excellente; mais on ne peut s'empêcher de plaindre Steinmetz et d'excuser l'aigreur de son caractère. Quels singuliers subordonnés ! Malgré les ordres les plus formels, deux commandants de corps d'armée refusent de revenir en arrière et le troisième de se porter en avant. En revanche, ils s'entendent à merveille contre leur chef.

Dans une lettre écrite à sa femme, Gœben raconte qu'il eut, le 15, une explication avec Manteuffel : « Steinmetz, dit-il, n'était pas très satisfait du mouvement de la veille ; mais nous fumes d'accord sur la nécessité de toujours nous soutenir mutuellement ».

Et Cardinal von Widdern s'étonne que le général von Steinmetz ait un instant songé à traduire ses subordonnés devant un conseil de guerre !

Si l'auteur des *Kritische Tage* approuve sans réserve la désobéissance de Gœben, il est assez embarrassé pour expliquer les refus adressés au Ier corps, à deux reprises différentes. Les ordres très nets donnés par Steinmetz vers 6 heures du soir ne lui semblent pas une raison suffisante, et il indique un autre motif qui paraît très spécieux. Un chef irréfléchi, dit-il en substance, se fût incliné devant toutes les demandes et eût détaché ses troupes un peu partout, diminuant ainsi prématurément l'effectif de la réserve générale. Or, Gœben ne crut pas un seul instant à une offensive allemande et s'imagina, pendant toute la journée du 14, que les Ier et VIIe corps étaient attaqués par les troupes françaises.

Il conclut à l'inutilité de l'intervention du VIIIe corps, puisque l'heure avancée rendait impossible une action décisive de l'ennemi, et fit preuve de sang-froid et d'initiative en maintenant son gros en réserve, prêt à agir, le lendemain, suivant les circonstances.

Il semble que les commandants des Ier et VIIe corps ne jugèrent pas la conduite de Gœben en se plaçant au point de vue qui vient d'être exposé. En tout cas, ils ne cachèrent pas leur étonnement et Gœben, très ému de leurs reproches, leur écrivit de Bionville, dès le 15, à 3 h. 30 du matin, pour les féliciter de leur succès en leur exprimant ses regrets de n'avoir pu intervenir à temps. Il ajoutait que son intention était de marcher à la pointe du jour dans la direction de Pont-à-Chaussy.

Widdern lui-même n'est pas absolument convaincu de l'excellence des raisons qu'il invoque, si l'on en juge par les phrases suivantes, où la désapprobation ressort perfidement au milieu des éloges les plus pompeux :

« Un autre général n'eût peut-être pas eu son cou-« rage ; . . . . . mais Gœben a toujours pris pour « guide de sa décision sa conviction intime ; il est resté « indifférent aux critiques, sans jamais décliner la res-« ponsabilité de ses actes. . . . . Il est seulement re-« grettable qu'au cours de ce récit, nous n'ayons pas « l'occasion de montrer ce général se décidant pour une « attaque de sa propre initiative et en toute indépen-« dance. »

L'intervention du général en chef.

Dans la première partie de cette étude, nous avons appris à connaître le tempérament de Steinmetz. Nous savons que, cédant à son caractère trop entier, il ne jugea pas à propos d'orienter ses subordonnés sur la situation d'ensemble, qu'il ordonna seulement de conserver, le 14, les emplacements du 13. Bien que la directive du grand quartier général eût prescrit d'observer avec soin les mouvements de l'ennemi, Steinmetz resta à Varize, très loin des corps de première ligne, jusque vers 7 heures du soir.

Le compte rendu du Ier corps, daté de Coincy, 4 h. 45, lui parvint dans cette localité, probablement à 5 h. 30 ; il se terminait ainsi : « . . . des fractions du VIIe corps « sont déjà engagées. Je fais avancer tout le Ier corps ».

Aussitôt, Steinmetz détacha deux officiers de son état-major, avec mission de recueillir les renseignements les plus précis. Déjà ces officiers étaient en route, lorsque la nouvelle suivante fut apportée au quartier général de l'armée :

« *Du commandant du VIIe corps.—Région de Colombey.*

5 h. 30.

« L'ennemi a attaqué les avant-postes du Ier corps « avec une grande supériorité numérique. La 13e divi- « sion marche contre le flanc droit de l'ennemi ; la 14e « suit en échelon, derrière l'aile gauche de la 13e, pour « la couvrir contre une attaque venant de Metz.

« L'ennemi bat en retraite vers Metz. »

Widdern, généralement si impartial, n'a pas fait ressortir les inexactitudes de ce compte rendu. Convient-il de les attribuer à une grossière erreur de l'expéditeur? ou bien Zastrow a-t-il voulu rejeter sur son camarade du Ier corps la responsabilité de l'attaque? Toutes les suppositions sont permises, et toutes viennent atténuer singulièrement le reproche de méfiance adressé à Steinmetz.

Quoi qu'il en soit, le général en chef montait aussitôt à cheval pour se rendre sur le champ de bataille et expédiait en même temps l'ordre de rompre le combat. Il cédait à un mouvement d'humeur bien mesquin, en apprenant l'acte d'initiative de ses subordonnés, et ne cherchait même pas à juger si les circonstances matérielles et morales permettaient l'exécution d'un mouvement de retraite.

Son mécontentement allait d'ailleurs croissant, lorsqu'un des officiers d'état-major envoyés aux nouvelles l'aborda vers 8 heures sur la route de Metz aux Étangs, à l'ouest de Petit-Marais. Cet officier, le capitaine von Baumann, s'était d'abord rendu à Coincy, auprès du commandant du VIIe corps, puis, au retour, s'était rencontré avec le général von Manteuffel qui l'avait mis au courant des dispositions du Ier corps.

Il apportait donc des nouvelles fraîches et intéressantes; mais Steinmetz, surexcité, ne voulut rien entendre. Il prescrivit au capitaine von Baumann de retourner au galop auprès du général von Zastrow et de lui transmettre l'ordre d'abandonner le plateau dans la soirée et de se replier derrière la Nied.

Le général en chef se réservait le soin de donner verbalement la même prescription au commandant du Ier corps. L'entrevue des deux généraux eut lieu à 8 h. 3/4, près de la brasserie de Noisseville (*l'Amitié*, sur la carte au 80,000e). Elle fut d'une violence extrême.

Steinmetz reprocha à son subordonné de s'être laissé battre et d'avoir engagé une action au mépris des ordres formels. Il fit retomber sur lui toute la responsabilité des conséquences de la bataille, des pertes subies, et lui intima l'ordre de ramener, sans plus tarder, son corps d'armée derrière la Nied.

Au même moment, le régiment des grenadiers du Kronprinz commença à défiler dans le voisinage et, aux éclats de voix du général en chef hors de lui, répondirent, comme un défi, les notes entraînantes du chant de guerre si connu : « Salut à toi, couronné par la Vic-« toire ! »

La scène présentait une certaine grandeur. Les deux généraux étaient debout, face à face, à l'entrée du hameau en flammes, l'un violent, emporté, oublieux des devoirs du chef, l'autre dans une attitude calme et respectueuse.

Avec des caractères comme celui de Steinmetz, les hommes faibles perdent toute confiance en eux-mêmes et n'agissent plus, les forts se révoltent et entrent en lutte. Manteuffel présenta ses observations sur le ton qui convenait ; il fit remarquer qu'il est des circonstances où un général doit agir sous sa propre responsabilité, même à l'encontre d'un ordre reçu, et ajouta que le cas s'était présenté le jour même. Il demanda que les bivouacs fussent établis sur les emplacements occupés après la bataille, montrant les avantages qui en résulteraient au point de vue moral et matériel.

Steinmetz n'en persista pas moins dans sa résolution primitive, reprochant à Manteuffel sa désobéissance et lui accordant une heure seulement pour remettre de l'ordre parmi ses troupes et relever les blessés.

En conséquence, vers 11 heures du soir, les différentes fractions du Ier corps commencèrent leur mouvement rétrogade, pour reprendre les emplacements de la veille. La marche fut pénible; les derniers éléments ne s'installèrent au bivouac qu'à 2 heures du matin. Cependant, Steinmetz quittait le champ de bataille à 10 h. 1/2, pour rentrer à Varize, où il arriva à minuit.

Widdern a recherché les motifs qui ont pu décider le général à maintenir jusqu'au bout sa décision primitive. Il en trouve deux : l'un d'ordre tactique, l'autre d'ordre intime. D'abord, les Français pouvaient se reformer pendant la nuit, puis se jeter, à la pointe du jour, sur les fractions avancées des Ier et VIIe corps. On s'explique bien ainsi la nécessité du mouvement de recul, mais non l'utilité de le prolonger jusqu'à la rive droite de la Nied.

En second lieu, Steinmetz était mécontent de « l'émancipation » de ses subordonnés. Il entendait sans doute les châtier de leur désobéissance et leur imposer sa volonté.

Nous avons quitté le capitaine von Baumann au moment où il recevait la mission de retourner au galop auprès du commandant du VIIe corps, pour lui transmettre l'ordre de replier ses troupes derrière la Nied.

Baumann trouva le général von Zastrow installé au château de Pange. Il était 10 h. 3/4; le général était dans la grande salle à manger, attablé avec son chef d'état-major, devant un énorme pot de lait caillé. Le lieutenant-colonel von Brandenstein, du grand quartier général, et nombre d'officiers étaient présents. Les uns écrivaient, les autres se restauraient « avec les ressources de la cuisine et de la cave ».

Baumann transmit l'ordre dont il était porteur, ordre

qui renouvelait des prescriptions déjà données. Zastrow, son chef d'état-major et le lieutenant-colonel von Brandenstein passèrent dans une chambre voisine pour délibérer. L'exécution du mouvement prescrit était évidemment très difficile. La retraite devait avoir pour résultat de relâcher les liens de la discipline et de diminuer la confiance des troupes envers leurs chefs. Des erreurs fatales pouvaient se produire et, enfin, les Français ne manqueraient pas de chanter victoire.

Pour toutes ces raisons, Zastrow, avec l'appui moral d'un agent du généralissime, se crut autorisé à commettre un acte très grave d'indiscipline.

Il répondit par écrit, au général en chef, que les ordres pour la nuit étaient déjà donnés, qu'on laissait les troupes sur le champ de bataille, pour affirmer la victoire et assurer le relèvement des blessés, qu'au surplus, le mouvement de retraite commencerait le lendemain à l'aube.

En cette circonstance, il agit de lui-même, mais la présence de Brandenstein facilita singulièrement sa détermination. Ce dernier, dit Widdern, s'engageait à rejoindre au plus vite le grand quartier général, pour rendre compte de l'incident. Baumann ne rentra à Varize qu'à 3 heures du matin. Depuis 6 h. 1/2 du soir, il avait parcouru 60 kilomètres environ.

Rôle joué par le lieutenant-colonel von Brandenstein (1). — Cet officier, chef de section au grand quartier général, avait été détaché par Moltke pour orienter les chefs d'unités sur la situation, étudier sur place les dispositions prises et rendre compte en temps utile.

Le 14, à 3 h. 1/2 du matin, Brandenstein, accompagné du capitaine Winterfeld, partit pour Pange et de

(1) Voir, au sujet de la personnalité de Brandenstein, *Im grossen Hauptquartier*, du général von Verdy du Vernois.

là se rendit à Ogy, pour suivre ensuite la ligne des avant-postes jusqu'à la route de Sarrebrück.

Les deux officiers constataient, à leur grand étonnement, qu'aucune reconnaissance n'était poussée en avant et que les troupes ne recevaient aucun ordre.

Ils se rendirent alors à Courcelles et furent mis au courant de la résolution prise par le commandant de l'armée.

Comme nous l'avons dit, le général von Manteuffel, malgré son vif désir d'offensive, ne croyait pas devoir contrevenir aux ordres de Steinmetz et refusait de faire progresser ses avant-gardes.

« Je me rendis alors à Varize, écrit le lieutenant-« colonel von Brandenstein, auprès du général von « Steinmetz, et lui annonçai que j'étais envoyé pour « faire connaître le plus tôt possible à S. M. le résultat « du mouvement en avant des avant-gardes.

« S. Exc. déclara que les avant-gardes ne devaient « pas être exposées à un combat sérieux, ni son armée « faire aucun mouvement ce jour-là et qu'il enverrait « seulement des patrouilles au delà des avant-postes.

« La conversation resta sans résultat. »

Brandenstein insista également pour que le VIIIe corps et le quartier général de l'armée fussent portés le 14 dans la région de Frécourt. Il n'obtint rien.

Dans cette partie de son ouvrage, Widdern engage une longue et spécieuse discussion sur l'expression « Vorgeschobene Avant-Garden », de la directive du grand état-major. Il va jusqu'à avancer que Moltke pouvait avoir l'intention de faire serrer toute la Ire armée sur ses avant-postes.

Il est certain que l'expression manque de précision, mais l'idée de Moltke était fort claire :

1° Il tenait à l'envoi de fortes reconnaissances, car il voulait être fixé sur les intentions de l'ennemi ;

2° Il entendait que la Ire armée se tînt prête à agir

tout entière pour faciliter, dans la mesure du possible, la mission de la IIe armée.

Il est étrange qu'après son entrevue avec le représentant du général de Moltke, Steinmetz n'ait pas agi en conformité des vues du Grand État-Major.

Brandenstein adressa alors à son chef un rapport qu'il fit porter par un officier de cavalerie. Il indiquait, en manière de conclusion, son idée de suivre du Nord au Sud toute la ligne d'avant-postes et de rentrer ensuite à Nomény, emplacement désigné du grand quartier général.

Déjà il se rendait aux avant-postes du Ier corps, toujours accompagné de Winterfeld, lorsque la canonnade se fit entendre vers Coincy. Les deux officiers se portèrent vivement dans la direction du village et y rejoignirent Goltz, qui s'écria en les apercevant : « Je ne puis pourtant pas laisser l'ennemi se retirer « tranquillement ». — « Brandenstein, dit von der Goltz, m'aurait certainement averti si j'avais fait fausse route ou agi contrairement aux intentions de l'état-major ». Ainsi la présence de ce représentant du généralissime avait pour premier effet de donner au commandant de l'avant-garde du VIIe corps une certaine sécurité morale.

Mais Brandenstein et son compagnon ne restent pas inactifs. Ils courent jusqu'à Pange pour donner l'alarme à la 13e division, de là à Domangeville afin d'avertir le commandant de la 14e division, qui met aussitôt ses troupes en mouvement. Ils songent ensuite à réclamer la participation du Ier corps. Winterfeld, chargé de cette mission, a l'heureuse chance de rencontrer Manteuffel qui lui dit : « Vous le voyez, je suis déjà en action ».

Les deux officiers suivent ensuite le développement du combat, soit au VIIe, soit au Ier corps ; à la fin de la bataille, nous retrouvons encore Brandenstein au quartier général du VIIe corps, où il conseille à Zastrow de ne point évacuer le champ de bataille, malgré l'ordre de Steinmetz. Ces messagers du grand état-major, véritables *missi dominici*, ne se contentent donc pas de compléter les instructions venues d'en haut, de développer les intentions du chef suprême, de bien faire ressortir le but à atteindre. Ils interviennent encore d'une façon active dans le combat, en appelant les unités au repos à secourir des fractions engagées. Partout ils sont reçus avec déférence, écoutés avec attention. Tout le monde sait qu'ils sont les confidents du chef, qu'ils connaissent ses pensées les plus intimes.

Pour eux, on oublie les règles de la hiérarchie ; des officiers sont mis à leur disposition pour porter leurs rapports. On les admet aux conseils les plus secrets. Sûr de leur appui, von der Goltz est rassuré sur les conséquences de son offensive ; Zastrow ne craint plus de risquer un conflit avec son général en chef. Ce dernier lui-même, s'il refuse de se conformer à leurs conseils, daigne au moins leur parler avec courtoisie.

Grâce à l'emploi continuel de ces messagers dévoués et intelligents, les idées du généralissime se propagent avec rapidité. Quelques commentaires verbaux suffisent à éclaircir les points obscurs des directives, à lever les doutes des timides, à calmer les emportements des téméraires. Dans les différents états-majors, les officiers sont en état de saisir vite et d'appliquer avec justesse les idées exprimées par les envoyés du commandant suprême, parce que tous parlent le même langage et professent la même doctrine.

C'est en grande partie à l'institution du grand état-major que les Allemands sont redevables de leurs immenses succès.

III. — APRÈS LA BATAILLE.

Conséquences de la bataille. — Conclusions.

Le 15, à 1 h. 1/2 du matin, Steinmetz expédiait l'ordre suivant : « ..... La 3e division de cavalerie occupera le « champ de bataille pour protéger les hôpitaux de cam- « pagne et couvrir le relèvement des blessés. La « 15e division ne viendra pas à Varize ; elle restera à « Bionville ».

L'idée de confier le soin d'occuper le champ de bataille à une division de cavalerie était bizarre, puisqu'on ignorait si l'ennemi ne se mettrait pas en marche au point du jour pour reprendre l'offensive. Mais, à 6 heures du matin, un ordre télégraphique du roi remit les choses au point ; il était conçu dans les termes suivants :

« S. M. décide que la Ire armée occupera le terrain « conquis pendant la bataille d'hier, sans cependant « entrer dans la zone d'action des forts.

« Le VIIIe corps sera poussé le plus tôt possible en « soutien des Ier et VIIe corps..... S. M. le roi se rend « à Pange. »

Ce télégramme était la conséquence du rapport Brandenstein ; il indiquait que la conduite de Steinmetz était hautement désapprouvée. Cet officier général se soumit aussitôt sans récriminations, donnant ainsi à ses subordonnés l'exemple de la discipline.

Il ordonna aux Ier et VIIe corps de reprendre les positions occupées à la fin de la bataille, au VIIIe corps d'avancer par les routes Metz—Sarrebrück et Metz—Sarrelouis jusqu'au chemin de Sainte-Barbe à Colligny. Il se rendit ensuite sur le terrain de l'action. Le roi, déjà arrivé, le reçut sur les hauteurs de Flanville, puis fit avancer les commandants des Ier et VIIe corps. Il les remercia de la résolution qu'ils avaient prise de livrer bataille. Se tournant ensuite vers Zastrow, il lui tendit la main : « Je vous remercie vivement, dit-il, d'avoir « maintenu votre corps d'armée sur la position con- « quise..... » et, après un silence : « Goltz a eu du « bonheur; c'est la deuxième fois qu'il se trouve à une « place où il peut faire preuve d'initiative et de réso- « lution ».

Le roi retourna ensuite à Herny. Entre temps, des officiers envoyés en reconnaissance rapportèrent la nouvelle qu'on ne voyait plus trace des Français à l'est de Metz. Moltke dicta alors l'ordre suivant à 10 h. 45 :

« S. M. le roi ayant acquis la certitude que l'ennemi « ne veut pas tenir plus longtemps, le mouvement « offensif de la Ire armée est désormais sans objet.

« Les Ier et VIIe corps sont avisés directement de « s'arrêter et de détacher seulement de la cavalerie « pour observer la forteresse et protéger les blessés.

« Le VIIIe corps, s'il est déjà en marche, se portera « sur Orny, où il recevra également un ordre direct. »

Conséquences de la bataille. — Observations stratégiques.

Tout le monde croyait alors à une victoire complète et les résultats de ce succès étaient démesurément grossis ; la médaille avait son revers.

Cette affaire coûtait 5,000 hommes aux Allemands; en outre, le IIIe corps (IIe armée) était arrêté le 15 pendant plusieurs heures, le IXe corps pendant toute la journée. Cet arrêt du IXe corps l'empêcha d'intervenir à temps le 16 août et eut encore pour effet de barrer la route du VIIIe corps, qui ne put faire donner ce jour-là qu'une seule brigade et trois batteries.

En fait, le ralentissement du mouvement, conséquence forcée de la bataille de Borny, fut plus marqué et eut des suites plus désavantageuses pour les Allemands que du côté des Français. Si ces derniers n'arrivèrent pas à effectuer leur retraite en temps opportun, la faute en doit être imputée « à la négligence et à l'incapacité de Bazaine ».

Goltz et Manteuffel ont donc commis une erreur s'ils ont cru faciliter par leur action le mouvement de la IIe armée :

« Du côté des Prussiens, a dit le général russe de « Woyde, dans son livre : *Causes des succès et des revers « dans la guerre de 1870* (1), le but stratégique pouvait « consister, le 14, à retarder la retraite des Français sur « la rive gauche de la Moselle ; . . . . . à ce point de vue, « il était avantageux, pour les Allemands, d'attirer à eux « l'armée française ou une partie de cette armée. »

De Woyde n'indique pas comment les Prussiens auraient pu s'y prendre pour attirer les forces ennemies. Peut-être en agissant par un feu violent d'artillerie, contre des colonnes en retraite? L'adversaire eût fait front pour chasser ces batteries si dangereuses et les eût suivies dans leur retraite.

Il semble bien, d'ailleurs, que l'emploi de l'artillerie en avant-ligne eût été, dans ce cas particulier, parfaitement justifié. Si l'ennemi s'avançait, on l'obligeait ainsi à un déploiement prématuré ; s'il reculait, on canonnait ses colonnes en retraite. Mais comment eût-on songé à appliquer cette idée? La direction de la bataille n'était même pas assurée ; la nature de l'engagement impliquait l'absence d'un plan d'ensemble, l'impossibilité de toute manœuvre préméditée.

Conclusions.

Mais, si des fautes ont été commises, il est certaines qualités qu'on ne saurait refuser aux généraux et aux

(1) Paris, 1900, Librairie R. Chapelot et Cie.

officiers allemands. Tous surent prendre des résolutions, accepter des responsabilités, agir avec initiative. Tandis que, dans l'armée française, les moindres détails étaient réglés par l'autorité suprême, l'armée allemande ressemblait à un organisme vivant, où toutes les parties concourent au développement de l'être entier. Chez elle, l'activité de chaque subordonné servait, pour ainsi dire, de multiplicateur à la force d'impulsion donnée par le chef suprême.

« Conservons ces vertus, s'écrie Widdern dans les derniers paragraphes de son livre, et surtout n'oublions pas qu'elles ne se mettent pas en bouteilles. Développons-les par tous les moyens. »

L'esprit d'initiative ressemble à ces plantes délicates qui s'étiolent si on les néglige et rendent 100 pour 100 lorsqu'on leur donne les soins nécessaires. Moltke savait le cultiver au Grand État-Major ; il ne se contentait pas, en effet, de détacher, au moment difficile, des officiers porteurs de ses pensées. Il les soutenait, envers et contre tous, et leur donnait son approbation, même à la suite des actes les plus hardis. L'intervention royale, dans la matinée du 15 août, en est la preuve convaincante.

Brandenstein avait joué, la veille, à l'état-major du VIIe corps, un rôle éminemment discutable. Malgré tout, le roi crut devoir le couvrir en adressant à Zastrow des félicitations significatives.

En se solidarisant avec son état-major, Guillaume Ier était certain d'assurer à ces envoyés une partie du respect et de la confiance qu'on attachait à sa personne. Il n'eut pas lieu de s'en repentir. Au cours de la guerre, les officiers détachés pour représenter le grand quartier général n'hésitèrent jamais à engager leur responsabilité. A plusieurs reprises, ils assurèrent, par leur initiative, la réussite des combinaisons du généralissime.

PARIS. — IMPRIMERIE E. CHAPELOT ET Ce, 2, RUE CHRISTINE.

EMPLACEMENTS DE LA Ire ARMÉE, le soir du 13 août.

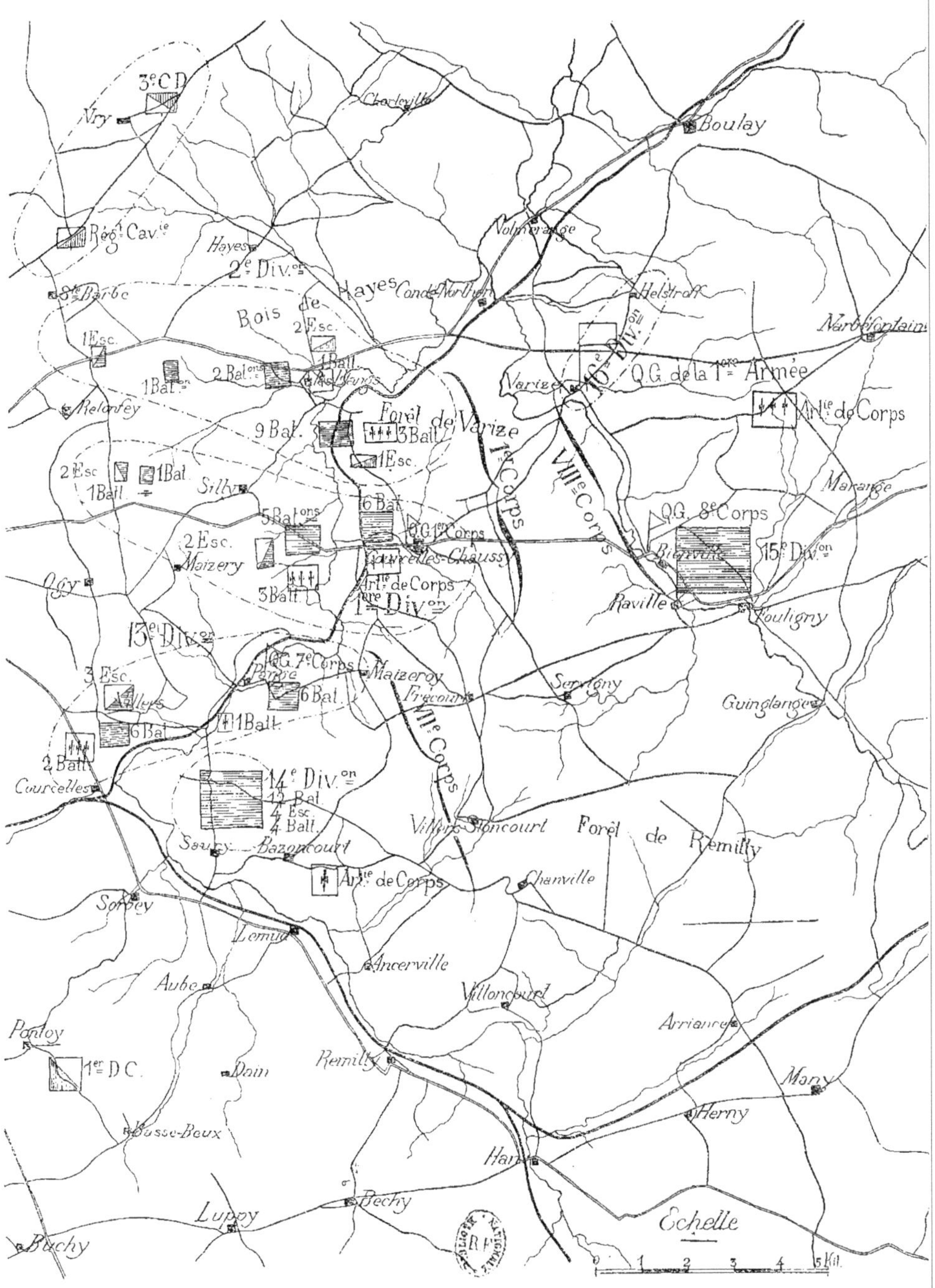

128

PARIS. — IMPRIMERIE R. CHAPELOT ET Ce, 2, RUE CHRISTINE.

www.ingramcontent.com/pod-product-compliance
Ingram Content Group UK Ltd.
Pitfield, Milton Keynes, MK11 3LW, UK
UKHW020217200726
13856UKWH00004B/1439

9 782011 925619